¡Arriba el telón!

Actores y flores

Alma Flor Ada y Francisca Isabel Campoy

Harcourt Brace & Company

Orlando Atlanta Austin Boston San Francisco Chicago Dallas New York Toronto London

A Víctor, mi mejor compañero de sueños.
F. I. C.

A Kuki, siempre presente.
A. F. A.

Design and Production: Victory Productions, Paxton, MA

Cover and Front/back-matter Illustrations: Lonnie Sue Johnson

For permission to reprint copyrighted material, grateful acknowledgment is made to the following sources:

Ediciones Ekaré: La mata de guayabas from *La cena de Tío Tigre y otras obras de teatro para niños* by Clara Rosa Otero. Text © 1993 by Ediciones Ekaré.

Editorial Juventud, S. A.: Tamarindo el pastelero by Beatriz Doumerc. Text © 1987 by Beatriz Doumerc.

Instituto de Cultura Puertorriqueña: "Los colores" from *Ritmos de tierra y mar* by Isabel Freire de Matos. Text © by Instituto de Cultura Puertorriqueña.

Alma Lafuente: La enfermedad de Pepe by Alma Lafuente.

Printed in the United States of America

ISBN 0-15-306988-0

1 2 3 4 5 6 7 8 9 10   025   99 98 97 96

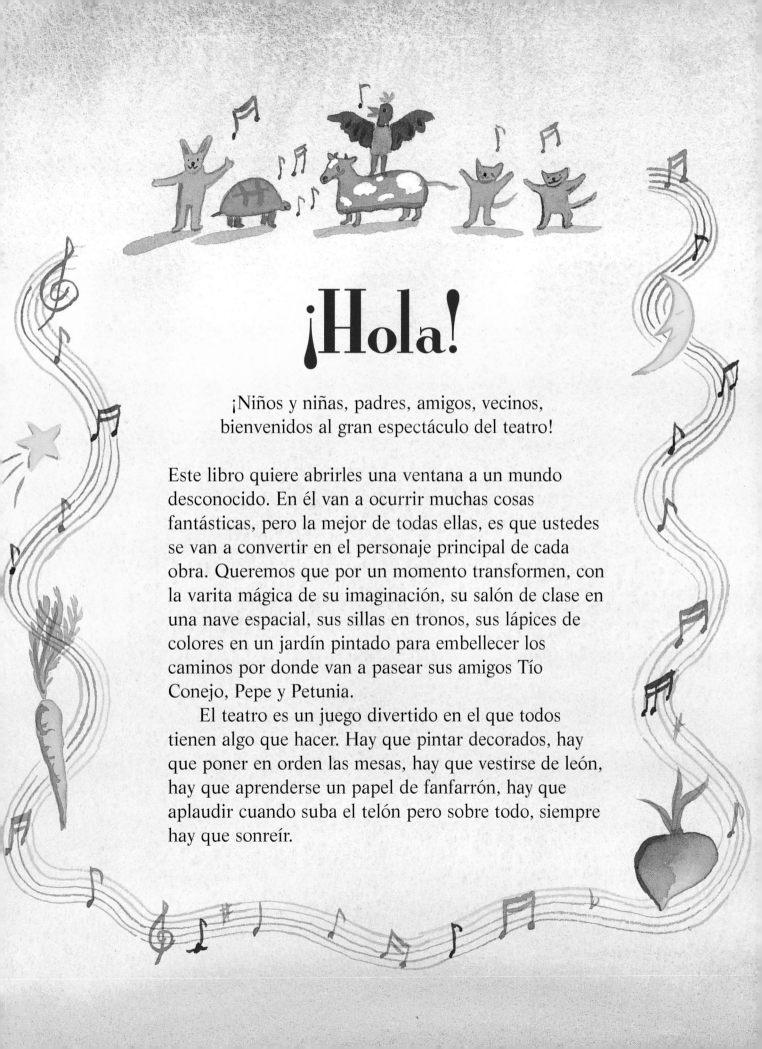

¡Hola!

¡Niños y niñas, padres, amigos, vecinos, bienvenidos al gran espectáculo del teatro!

Este libro quiere abrirles una ventana a un mundo desconocido. En él van a ocurrir muchas cosas fantásticas, pero la mejor de todas ellas, es que ustedes se van a convertir en el personaje principal de cada obra. Queremos que por un momento transformen, con la varita mágica de su imaginación, su salón de clase en una nave espacial, sus sillas en tronos, sus lápices de colores en un jardín pintado para embellecer los caminos por donde van a pasear sus amigos Tío Conejo, Pepe y Petunia.

El teatro es un juego divertido en el que todos tienen algo que hacer. Hay que pintar decorados, hay que poner en orden las mesas, hay que vestirse de león, hay que aprenderse un papel de fanfarrón, hay que aplaudir cuando suba el telón pero sobre todo, siempre hay que sonreír.

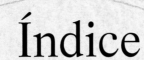

Índice

LA CUCHARA DE PALO

Nueva versión dramatizada por
Alma Flor Ada y Francisca Isabel Campoy

PERSONAJES

MARÍA, una campesina

PEDRO, su marido

JUANITA, hija de María y Pedro

VÍCTOR, hermano de Juanita

DON MATÍAS, un vecino

DOÑA LOLA, una vecina

DOÑA ESPERANZA, otra vecina

DON FERNANDO, el carnicero

DOÑA JUSTINA, la verdulera

ALBERTO, niño amigo de Víctor

EL ANCIANO CAMINANTE

NARRADOR

UTILERÍA

un caldero

una gran cuchara de palo

un salero

cebollines

papas

zanahorias

un trozo de tocino

un hueso

coliflor

ESCENA 1

(En la cocina de una casa de campo, Pedro y María conversan. Hay una ventana abierta al camino.)

NARRADOR   Pedro y María acaban de regresar del campo. Han ido a ver si encontraban algunas verduras. Pero, ha sido un año malo, de mucha sequía.

PEDRO   ¡Qué desastre, María! No sé qué vamos a hacer. Todo lo que pude encontrar es esta papa.

MARÍA   Los niños son los que me dan pena. ¡Hace tanto tiempo que no comen una buena comida! ¡Cómo me gustaría darles una buena sopa! Pero con sólo esta papa…

PEDRO   Sí, mujer, te comprendo. ¡Qué sequía horrible!
El pueblo entero sufre como nosotros…

(María y Pedro se miran apenados. Se oye tocar a la puerta.)

ESCENA 2

NARRADOR   Cuando María abre la puerta, la saluda un anciano caminante.

ANCIANO   Muy buenas amigos. Como estaba la ventana abierta, he escuchado lo que decían. Si ustedes me prestan una olla de agua, les prepararé una sopa exquisita.

MARÍA   ¡Qué bueno sería! Pero vea usted, todo lo que tenemos es una papa.

ANCIANO   ¿Pero puede usted poner a hervir una olla de agua? La más grande que tenga…

MARÍA   Olla grande tengo y agua también… Pero eso es todo. Ya le digo que no hay más que esta papa…

(El anciano saca una gran cuchara de madera del bolsón que carga.)

ANCIANO   Y mi cuchara de palo… Ya verá usted, que esta cuchara sabe revolverlo todo muy bien… Y mezclando, mezclando… Ya verá… ya verá…

(María y Pedro se miran. No están muy convencidos. Pero ponen a hervir un gran caldero lleno de agua.)

ESCENA 3

(Entran corriendo en escena los dos hijos de María y Pedro. Juanita le muestra a su madre un manojo de cebollines.)

JUANITA   Mamá, esto es todo lo que hemos podido encontrar.

VÍCTOR   Es lo único que no se había secado.

ANCIANO   ¡Cebollines! ¡Magnífico! Vamos a echarlos en la olla. Ya verán qué buen sabor le dan a la sopa.

VÍCTOR   ¿Sopa? ¿Están haciendo sopa?

ANCIANO   ¡Sí! Una sopa magnífica.

JUANITA   ¿Y de qué? Si yo creía que no teníamos nada…

ANCIANO   Es la magia de esta cuchara de palo la que va a hacer la sopa. Ya verán, ya verán… Esta cuchara mágica puede cambiarle el sabor a las cosas.

VÍCTOR   ¡Una cuchara mágica! ¿Se lo puedo contar a mi amigo?

ANCIANO   Antes tendrías que ver cómo funciona la magia… Aunque puedo contarte un secreto, esta cuchara cuando mejor funciona es cuando la miran muchas personas…

VÍCTOR   Pues ahora mismo voy a contárselo a mi amigo Alberto.

MARÍA   A mí me gustaría invitar a los vecinos. A todos les gustaría probar la magia de la que usted habla.

ANCIANO Como digo, mientras más personas la vean mejor.

PEDRO Yo tengo unos parientes que viven aquí cerca.
Voy a avisarles.

JUANITA ¡Yo también voy!

NARRADOR Y se fueron todos a contar a sus amigos, vecinos y
parientes que en su casa había una cuchara mágica que
podía cambiarle el sabor a las cosas.

ESCENA 4

(Llegan a la casa tres vecinos.)

LOLA Muy buenas. Me han dicho que tiene usted una cuchara mágica que le cambia el sabor a las cosas. En mi casa no hemos comido más que coliflor todo el mes. ¡Con esta sequía! ¿Cree usted que le pueda cambiar el sabor?

ANCIANO Échela usted en la olla. La mezclaré con mi cuchara y ya verá… ya verá…

MATÍAS Yo he traído un trozo de tocino. La verdad es que estoy cansado de comer lo mismo.

ANCIANO Échelo usted en la olla.

(La tercera vecina, Esperanza, se acerca a la olla decidida y echa en ella varias zanahorias.)

ESPERANZA Pues yo estoy bien cansada de darle nada más que zanahorias a mi familia. A ver si se les cambia el sabor.

ESCENA 5

(Entra Pedro acompañado de Justina y Fernando)

FERNANDO Dice mi primo Pedro que usted tiene una cuchara mágica.

ANCIANO Sí, lo es. Y si quiere comprobarlo, eche algo en la olla. Verá cómo le cambia el sabor.

FERNANDO Todo lo que tengo es este hueso de vaca.

(Lo echa en la olla.)

JUSTINA Y yo estos nabos

(Los echa en la olla.)

ESCENA 6

(Regresa María acompañada de varios vecinos.)

MARÍA   Pero, por favor, siéntense todos. Aquí hay una silla. Juanita, trae otra silla. Víctor, acerca ese banco.

(Los vecinos se van sentando.)

ANCIANO   Al venir hacia aquí vi que el río llevaba bastante agua. ¿No pudieran usar esa agua para regar los campos?

PEDRO   Es que el río está bastante lejos…

LOLA   Pues en mi pueblo había un acueducto, que traía el agua de un río que estaba todavía más lejos…

ESPERANZA   Pues piedras para un acueducto sobran en mis campos.

MATÍAS   Yo soy buen albañil. Con esta sequía no tengo trabajo. Mañana mismo me pondría a hacer un acueducto si hubiera quienes ayudaran…

MARÍA   Yo vi a mi padre construir muros de piedra, creo que sabría ayudar a hacerlos.

NARRADOR   Y mientras la sopa se hacía en la olla, los vecinos conversaron sobre su acueducto, por dónde pasaría, cómo reunirían los materiales, quiénes ayudarían…

(María le va alcanzando platos al anciano, que los va llenando de sopa. Pedro, Juanita y Víctor los reparten a los vecinos.)

(Todos prueban la sopa y dan muestras de alegría.)

LOLA   ¡Qué sopa estupenda!

ESPERANZA   ¡Qué bien sabe así la zanahoria!

JUSTINA   ¡Y los nabos!

VÍCTOR   De veras era mágica la cuchara.

JUANITA   Es que mientras más cosas distintas se mezclan, más rica sabe la sopa.

PEDRO   Y si entre todos construimos el acueducto ya nunca tendremos sequía.

ANCIANO   Con la cooperación de todos, también la vida es más rica.

FIN

La mata de guayabas

Obra en una escena
Clara Rosa Otero

PERSONAJES

TÍO TIGRE

TÍA LAPA

TÍO CAIMÁN

TÍO MORROCOY

TÍO CONEJO

ESCENA ÚNICA

En el escenario hay unos matorrales
y una mata de guayabas.

(Entra Tío Tigre cantando.)

TÍO TIGRE   …Yo soy un tigre feroz,
más malo mientras más viejo;
siempre con un hambre atroz,
queriendo comer conejo.
Me encantan las guayabas. ¡Me comería todas las
guayabas del mundo! Por eso, no dejo que nadie se
acerque a mi mata de guayabas.

(Señala la mata.)

¡Qué ricas son las guayabas! Pero, son sólo para mí.

*(Dirigiéndose a Tía Lapa que acaba de entrar
acompañada de Tío Caimán.)*

¿Me oyó, señora?

TÍA LAPA   *(Temerosa.)*

Sí. Tío Tigre… como usted diga, Tío Tigre.
Siempre se hará lo que usted quiera, Tío Tigre.

TÍO CAIMÁN   ¡Qué tigre tan egoísta! ¿Qué se habrá creído? Voy a tratar
de sacarle algunas guayabas.

(A Tío Tigre.)

Oiga, Tío Tigre, ¿no me deja comer ni una sola guayaba?

TÍO TIGRE   *(Gritando.)*

¡No, señor! ¡Ni una! ¡Ni media!

TÍA LAPA   Ojalá le hagan daño.

TÍO TIGRE   ¿Decía, usted, señora Lapa?

TÍA LAPA   Que mañana es mi cumpleaños.

TÍO TIGRE   Y eso, ¿qué tiene que ver?

(Ruge y Tía Lapa se esconde asustada mientras entra Tío Morrocoy.)

TÍO MORROCOY   Lo que soy yo, en cuanto te descuides, Tío Tigre, me como las del suelo.

TÍO TIGRE   Pues primero te como yo a ti que tú mis guayabas.

TÍO MORROCOY   Eso no sería fácil, Tío Tigre. Por algo tengo este caparazón.

(A Tía Lapa que se ha asomado.)

Mejor será que nos vayamos.
Tío Tigre está más antipático que nunca.

(Salen Tía Lapa y Tío Morrocoy. Tío Caimán los sigue. Tío Tigre los mira irse y luego se acuesta a dormir bajo la mata de guayabas. Entra cantando Tío Conejo.)

TÍO CONEJO   …Yo vengo de todas partes
de cerca y de muy lejos;
del Llano y de los Andes
y me llaman Tío Conejo.
Lo oí todo… y si a Tío Tigre le gustan las guayabas, a mí me vuelven loco. Por lo tanto… comeré cuantas quiera, pésele a quien le pese. Yo sé cómo arreglármelas.

(Llamando a Tío Caimán.)

¡Tío Caimán! ¡Tío Caimán!

(Entra Tío Caimán.)

TÍO CAIMÁN   ¿Qué tal, compadre?

TÍO CONEJO   Aquí, pues, llevando a cuestas esta vida. Necesito que
me ayude.

TÍO CAIMÁN   Diga, que yo lo ayudo.

TÍO CONEJO   Necesito que cuando yo le avise, usted sacuda esa
mata de guayabas y luego, se esconda rápidamente.

TÍO CAIMÁN   ¿Y para qué? ¿Se volvió loco, Tío Conejo? ¿No sabe que ésa es la mata de guayabas de Tío Tigre?

(Susurrando.)

¿Y no ve que está durmiendo allí, justamente?

TÍO CONEJO   Justamente. Vamos a hacerle una jugarreta a Tío Tigre. Y de paso, comeremos algunas guayabas. ¿No le provoca, compadre?

TÍO CAIMÁN   ¿Echarle una broma a Tío Tigre? Claro que me provoca. Y más aún si después podemos comer guayabas. ¡Cuente conmigo!

TÍO CONEJO   Entonces, prepárese para cuando yo le avise. Ya lo sabe. Menee la mata y salga corriendo antes de que Tío Tigre lo vea.

(Observa a Tío Tigre que sigue dormido. Va a dar la orden, pero se detiene porque Tío Tigre se mueve, éste sólo se voltea, dándole la espalda al público, y sigue roncando.)

¡Ahora, Tío Caimán!

(Tío Caimán sacude la mata con fuerza. Ruido de ramas. Caen algunas guayabas. Tío Tigre despierta sobresaltado. Tío Caimán escapa.)

TÍO TIGRE   ¿Qué pasa aquí? ¿Qué ruido es ése? ¿Por qué se caen mis guayabas?

TÍO CONEJO *(Fingiéndose asustado.)*

¿Cómo? ¿Usted también lo escuchó? Por suerte está usted aquí... así tendré quien me ayude a salvarme. Eso que oyó fue sólo el anuncio de un huracán que desbaratará todo y se llevará por los aires a todos los animales, grandes y pequeños.

TÍO TIGRE *(Alarmado.)*

¿Cómo? ¿A los animales grandes? ¿A mí también?

TÍO CONEJO   A Tío León, a Tío Oso, a la Tía Danta… y a usted también. Yo, por cierto, me salvaré porque con este mecate me voy a amarrar a esa mata y así el ventarrón no me va a llevar.

TÍO TIGRE   ¿A esa mata?

(Indica la mata de guayabas.)

TÍO CONEJO   Ajá. Y apúrese, Tío Tigre. Ayúdeme a amarrarme, porque ya no queda mucho tiempo.

TÍO TIGRE   Bueno, Tío Conejo, esa mata de guayabas es mía…

TÍO CONEJO   ¿Y eso? Cuando pase el huracán, usted va a desaparecer, así que apúrese.

TÍO TIGRE	*(Aparte.)*
	¿Será verdad lo del huracán? De todos modos, tigre prevenido vale por dos.
	(A Tío Conejo.)
	Nada de eso, nada de eso. En todo caso, yo no voy a desaparecer, porque tú me vas a atar a mí.
TÍO CONEJO	Eso no es justo, Tío Tigre. El mecate es mío, la idea es mía…
TÍO TIGRE	Pero la mata es mía. Amárrame, te he dicho. Y ya, si no quieres que te coma antes de que llegue el ventarrón.
TÍO CONEJO	Está bien… no se enoje.
TÍO TIGRE	¡Apúrate!
TÍO CONEJO	Ya va. Y a mí, ¿quién me ayuda?
TÍO TIGRE	Ya encontrarás a alguien. Por ahora, ¡el que se salva soy yo!
	(Tío Conejo ata a Tío Tigre, dándole varias vueltas al mecate.)
TÍO CONEJO	Muévase, Tío Tigre. Haga fuerza para ver si está bien amarrado.
TÍO TIGRE	*(Trata de soltarse, pero no puede.)*
	¡Qué bien! ¡Me amarraste muy bien! No puedo moverme ni un poquitico.
TÍO CONEJO	¿Está seguro, Tío Tigre?

TÍO TIGRE	Segurísimo.
TÍO CONEJO	Voy a probarlo.
	(Le hace cosquillas.)
TÍO TIGRE	*(Riéndose contra su voluntad.)*
	Déjame tranquilo. ¡Basta! No me hagas más cosquillas.

TÍO CONEJO Ahora que estoy seguro de que está bien amarrado, voy a llamar a mis amigos. ¡Tía Lapa! ¡Tío Caimán! ¡Tío Morrocoy!

TÍO TIGRE ¿A tus amigos? ¿Y para qué los vas a llamar?

TÍO CONEJO Para comernos las guayabas. ¿Para qué otra cosa iba a ser?

TÍO TIGRE ¡Conejo tramposo! Ya me las pagarás.

(Van entrando los animales. Recogen las guayabas del suelo y las comen. Otros se empinan para cogerlas del árbol. Tío Tigre está furioso. Ruge y trata de zafarse, pero no puede. Los animales comen felices.)

TODOS *(Cantando.)*

Entre el tigre y el conejo
hay una gran diferencia:
el uno tiene las garras,
el otro la inteligencia.

Y es por eso que en la historia
de ayer, de hoy, de mañana,
aunque el tigre sea más fuerte
siempre el conejo le gana.

La enfermedad de Pepe

Alma Lafuente

Para representar esta simpática obrita todo lo que se necesita es:

ESCENARIO

Actos I y III: Cuarto de un niño.
Acto II: La calle.

UTILERÍA

Actos I y III:
Despertador
Calendario
Teléfono
Silla con la ropa del niño
Maleta con libros
Vaso de agua
Pomo de pastillas
Termómetro
Una gran jeringuilla de inyecciones. Puede ser hecha de cartón. La aguja puede ser un palo de tejer de metal o un palito forrado en papel platina.
Acto II:
Maletín del médico

PERSONAJES

PEPE, niño
SU MADRE
LUISA, hermana de Pepe
DOCTOR GÓMEZ, médico
RICARDO, amigo de Pepe
NIÑOS Y NIÑAS, camino de la escuela

ACTO I
PRIMERA ESCENA

En el cuarto de Pepe

(Aparece Pepe dormido en su cama, se mueve, da un brinco, coge el reloj, mira la hora y dice:)

PEPE ¡Un cuarto para las ocho! *(Se acuesta de nuevo, da otro brinco, salta de la cama en pijama, va al calendario, señala con el dedo y exclama:)* ¿Qué día es hoy? ¡Jueves! ¡Jueves! Hoy es jueves 23, el día del examen de Matemáticas Modernas. ¡Ay, qué malo! Yo no he estudiado nada. ¡Imposible! ¡Imposible! Yo no puedo ir a la escuela hoy. *(Se mete en la cama de nuevo y se hace el dormido)*

31

SEGUNDA ESCENA

(La madre entra al cuarto, va hacia la cama y mueve suavemente al niño dormido, diciendo:)

MAMÁ   ¡Pepe! ¡Pepe!

PEPE   ¿Qué mamá?

MAMÁ   Vamos, hijo, levántate.

PEPE   ¿Qué hora es, mamá?

MAMÁ   Son las siete. Vamos, es hora de levantarse.

PEPE   ¡Ay, mamá! *(En tono triste)*

MAMÁ   ¿Estás enfermo? ¿Te sientes mal?

PEPE   Eso, mamá. Eso. Justamente eso.

MAMÁ   ¿Te duele la cabeza? *(Preocupada)*

PEPE   Eso, mamá. Eso. Justamente eso.

MAMÁ	¿Tendrás fiebre? *(Preocupada)*
PEPE	No sé, mamá, no sé.
MAMÁ	Voy a buscar el termómetro. *(Se aleja del cuarto diciendo:)* ¿Te sientes muy mal, hijito?
PEPE	Sí, mamá, muy mal, muy mal… *(y aparte)* para pasar el examen de Matemáticas Modernas.
MAMÁ	*(Entra al cuarto con el termómetro)* A ver, hijo, voy a tomarte la temperatura. ¡Luisa! ¡Luisa!
LUISA	*(Desde fuera)* ¿Qué mamá?
MAMÁ	Trae un vaso de agua para tu hermano.
LUISA	Sí, mamá. Ya voy.
PEPE	¿Agua? ¿Agua para qué, mamá?
MAMÁ	Para que tomes estas aspirinas. *(Le enseña unas aspirinas en la palma de la mano)*

TERCERA ESCENA

(Entra Luisa con un vaso de agua)

LUISA ¡Hola, Pepe! ¿Qué te pasa?

PEPE *(Olvidado de que le dolía la cabeza)*
Me duele mucho la garganta.

MAMÁ ¿La garganta también? *(Sobresaltada, pensando que además del dolor de cabeza tiene dolor de garganta)*

PEPE Sí, mamá. La garganta y… el estómago. *(Creyendo que eso era lo que había dicho que le dolía anteriormente)*

MAMÁ ¿Y también el estómago? ¡Ay, madre mía! Este chico está muy malo. ¡Ay, qué hacer! *(Sale muy nerviosa del cuarto.)*

LUISA Pepe, tú no pareces enfermo.

PEPE ¡Ay, Luisa!

LUISA Pepe, ¿no es hoy el examen de Matemáticas? *(con cierta ironía)*

PEPE ¡Ay, Luisa! Por favor, ¡cállate!

CUARTA ESCENA

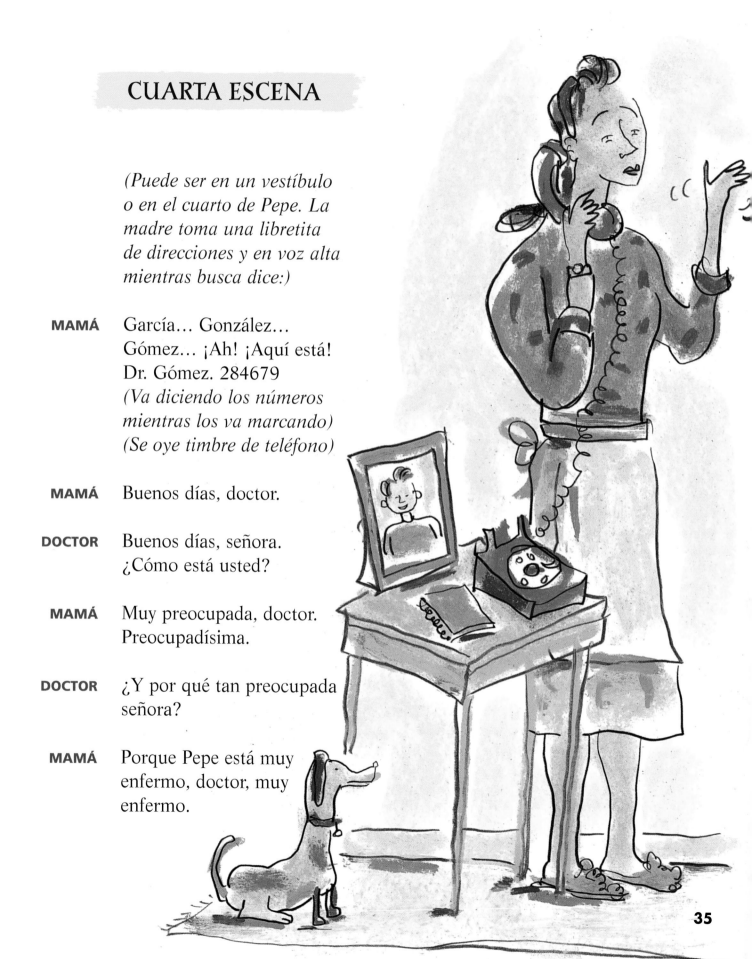

(Puede ser en un vestíbulo o en el cuarto de Pepe. La madre toma una libretita de direcciones y en voz alta mientras busca dice:)

MAMÁ   García… González… Gómez… ¡Ah! ¡Aquí está! Dr. Gómez. 284679 *(Va diciendo los números mientras los va marcando)* *(Se oye timbre de teléfono)*

MAMÁ   Buenos días, doctor.

DOCTOR   Buenos días, señora. ¿Cómo está usted?

MAMÁ   Muy preocupada, doctor. Preocupadísima.

DOCTOR   ¿Y por qué tan preocupada señora?

MAMÁ   Porque Pepe está muy enfermo, doctor, muy enfermo.

DOCTOR	¿Qué le pasa a Pepe?… Sí, señora. Iré a verlo.
MAMÁ	¿Ahora mismo, doctor?
DOCTOR	Sí, señora; pero mi auto está estropeado así, pues, tendré que ir caminando; pero como no está lejos su casa, estaré allí muy pronto.
MAMÁ	¡Qué Dios lo oiga! ¡Ay, mi Pepe! ¡Mi pobrecito, Pepe!
DOCTOR	Vamos, señora. Cálmese usted, por favor. Tome su tilo.
MAMÁ	Sí, doctor. Está bien, está bien. Confío en usted. Tomaré una taza de tilo para calmarme.

ACTO II – PRIMERA ESCENA

(Se ve al doctor por la calle caminando con su maletín. Un grupo de niños con libros vienen en dirección contraria, los niños vienen cantando:)

DOCTOR   Buenos días, niños.

SEGUNDA ESCENA

(Los niños salen de escena excepto Ricardo que se acerca al doctor)

RICARDO   Buenos días, doctor.

DOCTOR   ¡Hola, Ricardo! ¿Cómo estás?

RICARDO   Muy bien, doctor, ¿y usted?

DOCTOR   Un tanto preocupado por Pepe. ¿Sabes que está enfermo?

RICARDO   ¿Que Pepe está enfermo? *(Muy sorprendido y dudoso)*

DOCTOR   Sí, voy a verlo ahora.

RICARDO   Ja, ja, ja. ¡Pepe enfermo!

DOCTOR   No te rías, Ricardo.

RICARDO   ¡Ay, doctor! Yo creo que sé cuál es la enfermedad de Pepe.

DOCTOR ¿Qué dices? ¿Qué crees tú que tiene Pepe?

RICARDO Yo creo que tiene Matematitis Modernoides.

DOCTOR Matematitis Modernoides. *(Rascándose la cabeza)*

RICARDO Sí, doctor. Matematitis Modernoides.

DOCTOR Matematitis *(bien despacio)* Mo—der—noi—des. ¿Y qué es eso?

RICARDO Eso es "horror a las Matemáticas Modernas", doctor. Hoy es el examen general de matemáticas y Pepe no ha estudiado nada.

DOCTOR ¡Ah, sí! ¿Eh? ¿Con que ésas tenemos?

RICARDO Además, doctor, Pepe había dicho que el día del examen él estaría enfermo.

DOCTOR ¿Ajá? ¡Ya veo! Y su pobre madre está que se muere de miedo y de nervios. ¡Ya verá ese chico lo que es un médico enojado!

ACTO III – PRIMERA ESCENA

(En el vestíbulo o en el cuarto de Pepe.
Se oye que tocan la puerta.)

MAMÁ   Debe ser el doctor. *(Sale a recibirlo)*

DOCTOR   Buenos días, señora. *(Entra y le extiende la mano)*

MAMÁ   ¡Ay, doctor! Gracias por venir tan rápidamente. Pepe está peor y peor cada minuto.

DOCTOR   No se alarme, señora. Yo creo que sé lo que Pepe tiene.
(En secreto al oído le cuenta lo que Ricardo le ha dicho)
(La mamá va poniendo cara de sorpresa y de indignación)

SEGUNDA ESCENA

(Se acercan a la cama de Pepe)

MAMÁ   Mire, doctor, aquí está Pepe. ¡Pobre hijo mío!

DOCTOR   ¡Hola, Pepe!

PEPE   ¡Buenos días, doctor! *(Con voz bien débil.)*

DOCTOR   ¡Ay, qué voz! Vamos a ver esa garganta. *(Busca en el maletín una paletita y una linterna)* A ver, abre la boca. *(Examina la boca del niño)* Di: "a" "a" "a".

PEPE   "A "a" "a".

MAMÁ   ¿Muy mal, doctor?

DOCTOR   Me temo que sí, señora. Hay una irritación horrible.
Tal vez haya que operarlo de la garganta.

PEPE   Pero, doctor…

MAMÁ   Calla, hijito, calla. El doctor sabe lo que dice.

DOCTOR   Déjame auscultarte. *(Ausculta a Pepe)* Respira fuerte.
Más fuerte. Más fuerte.

MAMÁ   ¿Muy mal, doctor? *(Como si estuviera muy asustada)*

DOCTOR   Me temo que sí, señora. La respiración está muy débil. Tal
vez necesite estar en una cámara de oxígeno por un tiempo.

PEPE   Pero, doctor…

MAMÁ   Calla, calla, hijito. El doctor sabe lo que dice.
¡Ay, madre mía!

DOCTOR   A ver, Pepe, tose. Tose más fuerte. Más fuerte.

PEPE	*(Hace lo que el doctor le manda)* *(Tiene una cara de tremendo susto)*
MAMÁ	¡Ay, doctor! Dígame la verdad. Seré fuerte. ¿Cómo lo encuentra, doctor?
DOCTOR	Muy mal, señora. Muy mal. A ver, Pepe, acuéstate. *(Lo empuja con bastante fuerza)* *(Lo palpa, le aprieta el estómago y lo pellizca)*
DOCTOR	Tengo que darte una medicina para el estómago. *(Saca del maletín un pomo de líquido espeso)* *(el pomo es grande)*
PEPE	¿Una cucharadita?
DOCTOR	No, Pepe, todo el pomo.
PEPE	¿Todo el pomo? ¡Ay, esto me va a enfermar más!

DOCTOR Vamos, abre la boca y traga. *(Forcejea con Pepe, éste hace tremendo escándalo, la madre ayuda a sujetarlo)*

MAMÁ Traga, Pepe. Traga.

DOCTOR Traga, Pepe. Traga.

PEPE ¡Ay, qué malo es eso!

DOCTOR Ahora unos toques en la garganta.

PEPE Pero doctor…

DOCTOR Vamos, un buen chico como tú se debe portar bien. Abre la boca. *(Forcejea con Pepe, la mamá agarra a Pepe)* *(El doctor le da toques exageradamente)*

PEPE *(Arquea)*

DOCTOR Muy bien. Ahora las inyecciones.

PEPE ¿Inyecciones? ¿También inyecciones?

DOCTOR   Sí; pero solamente cinco. *(Abre su maletín y saca tremenda jeringuilla y comienza a prepararla)*

PEPE   ¡Cinco! ¡Cinco inyecciones! ¿Como ésas, doctor?

MAMÁ   Vamos, Pepe, cálmate, cálmate.

DOCTOR   En el hospital te pondrán ocho diarias.

PEPE   ¿Ocho? ¿Ocho? Pero si ya me siento mejor, doctor.

DOCTOR   A ver el brazo.

PEPE   ¡Doctor! ¡Esa aguja! ¡Cinco veces! ¡Oh, no! ¡yo me voy para la escuela! *(Coge sus libros y sale corriendo fuera del cuarto en pijama)*

MAMÁ   Pepe, Pepe, ¡tus pantalones! ¡tus pantalones! ¡Tu camisa! ¡Tus zapatos!

DOCTOR   Señora, ya Pepe no padecerá más de Matematitis Modernoides.

TELÓN

El árbol

Juego dramático

Alma Flor Ada y Francisca Isabel Campoy

(Un coro de niñas y niños leen cada renglón de esta introducción:)

Los árboles son el abrazo de la naturaleza.
Los árboles atan con sus raíces nuestro planeta.
Los árboles le hacen cosquillas a las nubes.
Los árboles conocen los secretos de los pájaros.
Los árboles le dan su mango al hacha que los corta.
Los árboles siempre se dejan cortar.

¿A dónde van los árboles cortados?
¿Dónde vivirán?

(Niños y niñas individuales recitan cada una de las siguientes estrofas:)

Piensa que eres un árbol:
    Que tus piernas son el tronco,
    Que tus brazos son las ramas,
    Que una brisa dulce mueve tus ramas,
    Que miles de pájaros se balancean en tus ramas.
    Mira hacia el cielo.
    Abraza a la naturaleza.

Piensa que eres un árbol:
> Que bajo tus pies crecen raíces que llegan hasta el centro de la
> tierra,
> Que sientes cosquillas en las plantas de los pies al sentir a todos
> los animalitos que viven bajo la tierra.
> Siente crecer y prolongarse tus raíces debajo de la tierra.
> Siente como llegan al centro mismo de la tierra.
> Piensa que un huracán quiere arrancarte y llevarte con él.
> Balancea tu tronco y tus ramas, pero siéntete firme no te dejes
> llevar por el huracán.

Piensa que eres un árbol:
      Que tus ramas abrazan la brisa tibia y dulce
            de la tarde,
      Que tus raíces sujetan la tierra del planeta
            en el que vives,
      Que tus ramas se estiran mucho, mucho
            y que con las puntas de tus hojas
            le haces cosquillas a las nubes,
      Y que una nube estornuda sobre tu cabeza,
      Y que llueve y llueve, y llueve sobre la tierra.

Piensa que eres un árbol:
      Que tus raíces atan a la tierra,
      Que tus ramas le hacen cosquillas a las nubes.
      Piensa que tus ramas se mecen con la brisa
          del amanecer,
      Que en tus ramas duermen miles de pájaros
          que ahora despiertan,
      Que de uno en uno cantan sus buenos días a la
          mañana,
      Que de uno en uno te cuentan lo que han soñado,
      Sonríe, porque eres árbol amigo de los pájaros.

Piensa que eres un árbol:
     Mira al hacha forastera que hoy ha llegado al
          bosque.
     Pregúntale al hacha qué ha venido a buscar.
     Escucha lo que te dice el hacha: quiere un mango.
     Dile que te corte una rama
          y que con ella haga su mango.
     Piensa que esa hacha nunca te querrá cortar.

Piensa que eres madera:
    Que en ti está el orgullo de haber sido un día árbol,
    Que hoy eres casa,
    Que dentro de ti vive una familia feliz.
    Haz que tus huéspedes oigan los pájaros
        que tú oías. Cántales,
    Que quieran jugar a hacerle cosquillas a las nubes.
        Hazle tú cosquillas,
    Que sientan el calor bajo sus pies.
    Haz que sientan el orgullo de sus casas,
        Que miren al cielo,
    Que se contagien de tu risa. Ríete,
    Que te cuenten sus secretos también.
        Escucha.

Tamarindo el Pastelero

Beatriz Doumerc

Vamos a jugar a… Tamarindo, el pastelero.
Yo me disfrazaré de Petunia…
Y yo seré Tamarindo.
Me gusta ser Bigotazos…
Entonces yo seré el reloj de péndulo…
¡y moveré mis brazos como si fueran
las manecillas!
También estarán los invitados,
conejas y conejos y algún otro animalito,
todos amigos de Petunia y Tamarindo.
¡Ah!, y una mariposa
que revolotea distraída entre las hojas del jardín.

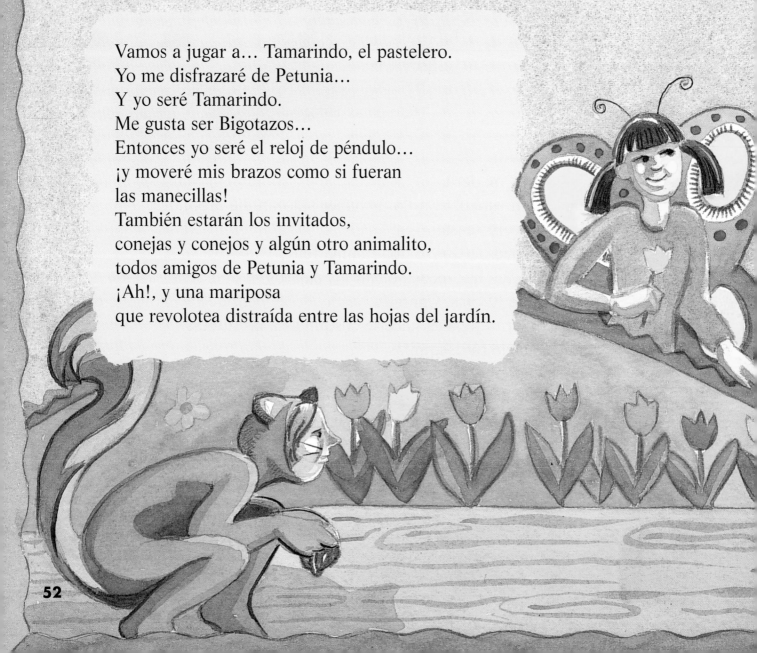

(Improvisemos una cocina: en ella hay una mesa y sobre la mesa un pastel. En un ángulo, el reloj de péndulo marca las tres y media y Tamarindo está decorando el pastel mientras canta.)

RELOJ Din, don; din, don.

TAMARINDO ¡Cumpleaños feliz! ¡Taraliraliraliii! ¡Una cereza por aquí… un poco de nata por allá! ¡Ah, qué contenta se pondrá Petunia con este pastel! Taraliraliraliii…

(De pronto se oye un extraño ruido TOC, TOC, TOC…)

TAMARINDO ¿Qué es eso? ¿Quién anda ahí?

(Va hacia la puerta y la abre. No hay nadie; sólo una mariposa que se aleja. Tamarindo mueve la cabeza siguiendo el vuelo).

TAMARINDO No hay nadie…

RUIDO *(Más fuerte)* TOCTOCTOCTOCTOCCC…

TAMARINDO ¡Eh… buscaré en la buhardilla!

(Mirando hacia todos los lados, sube la escalera, camina unos pasos y desaparece. Mientras, Bigotazos asoma la cabeza).

BIGOTAZOS Ja, ja, ja… ¡Mi plan ha funcionado!

(Entra, se frota las patas y se acerca a la mesa. Coge el pastel y se prepara a huir, pero en ese momento se oye la voz de Petunia, que se acerca.)

PETUNIA ¡Tamarindo! ¡Ya estoy aquí!

BIGOTAZOS ¡Uf, esa latosa entrometida! *(Busca donde esconderse por aquí y por allá y al final se esconde tras el reloj. Entra Petunia.)*.

PETUNIA ¿Dónde estás, Tamarindo? ¡Tamarindooo!

TAMARINDO *(Apareciendo)* ¡Feliz cumpleaños, Petunia! ¡Tengo un regalo para ti!

PETUNIA ¿Para mí? ¿Qué es? ¿Qué es?

TAMARINDO Un pas… *(Mira hacia la mesa vacía.)* ¡Eh… el pastel ha desaparecido! ¿Quién se lo ha llevado?

(Tamarindo y Petunia dan vueltas buscando el pastel, debajo de la mesa y por los rincones. Las agujas del reloj se mueven).

TAMARINDO ¡Oh, a las cuatro llegan los invitados! ¿Dónde estará el pastel?

PETUNIA ¡Ay, no tenemos tiempo de buscarlo…! ¡Son casi las cuatro!

TAMARINDO   *(Se detiene de pronto y mira el reloj)* ¡Tengo una idea!

PETUNIA   ¿Una idea? ¡Dímela!

TAMARINDO   ¿Ves este reloj?

PETUNIA   Sí, lo veo… Es un reloj de péndulo.

TAMARINDO   Ah… pero no es un reloj como los otros. *(Comienza a girar alrededor del reloj.)* Si le das una vuelta por el lado izquierdo… ¡atrasa un minuto! Y si le das dos vueltas…

PETUNIA   ¡Atrasa dos minutos!

TAMARINDO   Muy bien. Entonces…tú darás vueltas y la hora se atrasará. ¡Así yo tendré tiempo de buscar el pastel!

PETUNIA   ¡Fantástico! ¡Qué ideas tienes, Tamarindo!

TAMARINDO   Pero tienes que poner mucha atención. Si las vueltas las das por el lado derecho… ¡la hora adelantará!

PETUNIA   *(Comienza a girar alrededor del reloj)*
No temas, he comprendido.

(Las agujas del reloj lentamente comienzan a retroceder un minuto, dos, tres… Petunia comienza a marearse, titubea, gira sobre sí misma y comienza a dar vueltas con ligereza hacia derecha e izquierda del reloj. Las agujas se mueven enloquecidas para todos los lados).

RELOJ   ¡Din, don; din, don; din, don!

BIGOTAZOS   MIAUUU, MIAUUU, MIAUUU. *(Sale de su escondite con el pastel.)* ¡Este reloj me ha atrapado la cola!

(Tamarindo y Petunia corren y lo persiguen. El reloj vuelve a su hora, casi las cuatro.)

TAMARINDO Y PETUNIA   ¡Eh, no lo dejes escapar! ¡Cierra la ventana! ¡Cógelo de la cola!

(Bigotazos logra escapar, pero en la huida abandona el pastel.)

TAMARINDO   ¡El muy pillo, mira cómo ha dejado el pastel!
(Lo coge y lo coloca sobre la mesa)

PETUNIA   Lo arreglaremos, yo te ayudaré.

TAMARINDO   Veamos… una cereza por aquí, un poco de nata por acá…

RELOJ   Din, don; din, don.

(Entran los invitados).

TODOS   ¡Feliz cumpleaños, Petunia! ¿Hemos llegado a la hora?

PETUNIA   ¡Sí! ¡Ya son las cuatro!

(Todos cantan: ¡Cumpleaños feliz!)

Los colores

Poema para dramatizar
por Isabel Freire de Matos

ROJO
Salto del flamboyán
al más rojo clavel.
Y en la cresta del gallo
canto al amanecer.

ROSADO
Hoy ando por las rosas
y por las amapolas
que llenas de diamantes
levantan sus corolas.

ANARANJADO   En el árbol enciendo
las bombillitas chinas
que alumbran las veredas
por donde va la brisa.

AMARILLO   ¡Oro en la mariposa
y en el dulce canario!
Al paso de la luz
dejo un mundo dorado.

VERDE
Salto de loma en loma
verde monte y limón.
En la extensa llanura
pinto de verde el sol.

AZUL
Soy el azul del cielo.
¡Cómo gozo al montar
los ágiles caballos
verdeazules del mar!

ÍNDIGO
Soy un marinerito
de gorra azul añil.
Vivo en la flor del agua
donde canta el coquí.

VIOLETA
Pinto en la primavera
el roble y la violeta.
Mi pincel es el viento
y el iris mi paleta.

BLANCO De la nube a la espuma
salto con pies alados.
Danzo sobre el yagrumo
y por los lirios blancos.

GRIS Las ovejitas pardas
que ayer pinté en el cielo
bajan por el trapecio
de un rápido aguacero.

CASTAÑO

Peregrino del mundo,
voy por toda la tierra.
Duermo en las semillitas.
Vuelo en las hojas secas.

NEGRO

Tiendo la noche al viento
y una estrella fugaz
baja de sombra en sombra
y se pierde en el mar.